LA PAUVRE FEMME,

COMÉDIE

EN UN ACTE, EN PROSE,

MÊLÉE DE MUSIQUE:

Représentée pour la première fois sur le théâtre de l'Opéra-Comique National, le 19 Germinal, an troisième de la République.

Paroles du citoyen MARSOLLIER, musique du citoyen DALAYRAC.

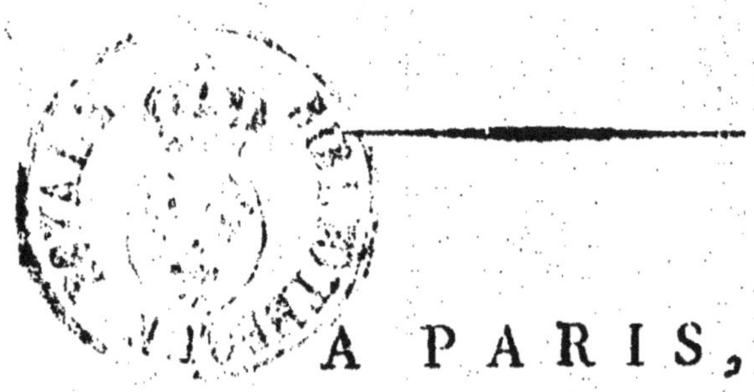

A PARIS,

Chez BARBA, Libraire, au magasin des Pièces de théâtre, rue André-des-Arts, n°. 27.

L'AN TROISIÈME.

PERSONNAGES.	ACTEURS.
LA VEUVE ARMAND, *pauvre femme, qui a retiré chez elle deux victimes de la tyrannie, en déshabillé noir et blanc d'indienne, coëffure de veuve,* . . . la cit.	Dugazon.
JULIE, *jeune femme riche qui s'est cachée, et qui ignore où est son mari, qu'on a arrêté,* . . . . la cit.	Crétu.
GERMAIN, *frère de Dermont, homme de lettres persécuté, et caché chez la pauvre femme,* . . . . le cit.	Philippe.
JACQUES, *porteur-d'eau, brave homme, gai,* . . . . le cit.	Chénard.
DERMONT, *mari de Julie,* . . . . le cit,	Granger.

LA PAUVRE FEMME,

COMÉDIE.

Le théâtre représente une espèce de galetas propre. On voit un petit lit, une fontaine de grès sur une pierre, une petite soupente au fond, où l'on monte avec une échelle. Des fagots placés avec art, cachent l'entrée d'un petit bûcher où est caché Germain.

SCÈNE PREMIÈRE.

La citoyenne ARMAND, *comptant sur ses genoux de petits assignats.*

QUATRE francs !... Comment, v'là tout c'qui me reste de ces bijoux que ces braves gens m'ont donnés à vendre ! J'ai été bien économe, pourtant.... mais depuis un mois, trois personnes ; et tout est si cher !... (*elle se lève.*) Qu'elle est intéressante, cette jeune femme ! chaque jour je m'y attache davantage. Je n'en avions jamais entendu parler : une de mes amies me l'amène ici, le soir, mourante, avec un petit enfant qu'elle nourrissoit.... Pouvois-je leur refuser un asyle ?... Il y avoit avec elle son beau-frère, un homme de mérite, qui avoit écrit pour la liberté, et à qui on vouloit l'ôter à cause de cela !... Je ne leur demandai pas seulement leur nom : c'est si respectable, les malheureux ! on craint toujours d'ajouter à leurs peines ! ... Je crains bien qu'elle ne revoie jamais son mari, ni lui son frère ; il étoit dans un département ! Ah !... quant à eux, leurs maux vont sans doute diminuer. Depuis le *neuf*, il y a déjà bien du changement, et on dit que bientôt ils pourront reparoître sans risques.... Oui, mais il faut gagner ce temps-là, et les fonds s'en vont, en attendant. Je dois voir aujourd'hui quelqu'un qui m'avoit promis de me prêter de l'argent.... Il ne faut pas se tourmenter d'avance ; j'avons vécu jusqu'ici, je vivrons encore ; et si ça me donne quelque embarras, j'en serai bien dédommagée par le plaisir que j'aurai eu de rendre service à deux infortunés. Voilà mes petits comptes rangés.... Il faut aller tirer mes prisonniers de leur cachette. Comme ils sont logés !... mais c'est ce qui les a garantis. Appellons-les.... ils connoissent le signal. (*elle prend une canne et frappe trois coups contre le plafond.*)

UNE VOIX. (Julie.)

Je vais descendre.

La citoyenne ARMAND.

Bon, bon ! (*elle frappe sur le plancher.*)

UNE VOIX. (Germain.)

Puis-je monter ?

La citoyenne ARMAND.

Oui, oui.

SCENE II.

La citoyenne ARMAND, JULIE, GERMAIN.

(*Julie descend avec une barcelonnette attachée en travers. Germain monte de son côté.*)

La citoyenne ARMAND, *avec effusion.*

Vous voilà, mes amis! ... Bon jour, bon jour.... comment cela va-t-il?... Chère femme! bien mal dans ce petit grenier! ... exposée à tous vents; grillée en été, gelée en hiver! trois fenêtres, et pas une vitre! Mais un jour, ...

JULIE, *souriant.*

Superbe: c'est ce qu'il faut pour dessiner.

La citoyenne ARMAND, *à Germain.*

Et vous, il n'y a pas à craindre, dans votre logement, que le soleil vous fasse mal aux yeux.

GERMAIN, *souriant.*

C'est à la lampe, dit un auteur célèbre, qu'on fait les meilleurs ouvrages.

La citoyenne ARMAND, *riant.*

Allons, vous verrez que tout est arrangé pour le mieux.

JULIE.

Eh! ne sommes-nous pas trop heureux encore?

La citoyenne ARMAND, *riant.*

Non, non, pas trop, en vérité ... A moins que l'attachement le plus vrai, le plus tendre ne suffise pour adoucir votre sort.

JULIE, *lui serrant les mains.*

Eh! oui, oui, cela l'adoucit.

La citoyenne ARMAND.

Je ne puis pas vous promettre de redoubler, d'abord; car je vous aime déjà autant que cela m'est possible.

GERMAIN.

Et nous vous le rendons bien.

La citoyenne ARMAND.

Je le sais, je le sais... je me le dis toute la journée; je le rêve encore, je crois, quand je suis dans mon sommeil.... Mais il est déjà huit heures.... il faut commencer.

GERMAIN.

Nous sommes un peu paresseux.

JULIE.

J'ai été plus diligente que vous, et mon petit Jules a déjà déjeûné.

La citoyenne ARMAND.

(*à Germain.*) Prenez le balai.... Moi, j'ai un petit reste de café qu'il faut que.... (*elle fait le geste de moudre.*) (*à Julie.*) Et vous.... Ah! il n'y a pas besoin de vous dire ça. (*Germain balaye, la citoyenne Armand moud du café, et Julie berce son enfant.*)

TRIO.

La citoyenne ARMAND.

Mettons-nous gaîment à l'ouvrage;
Chacun sa tâche, c'est fort bien.

(*Les autres répètent.*)

La citoyenne ARMAND.

Vous n'avez pas l'air, Citoyen,
D'en être à votre apprentissage.

GERMAIN.

Faut-il donc n'être bon à rien?
Oui, je fais mon apprentissage.

La citoyenne ARMAND, *à Julie.*

Et vous.... Ah ! quel touchant partage !
Ce travail ne vous coûte rien.

JULIE.

J'en suis à mon apprentissage ;
Mais la nature m'instruit bien.

TOUS TROIS.

Poursuivons gaîment notre ouvrage :
Chacun sa tâche, c'est fort bien.

La citoyenne ARMAND, *à Julie.*

Mère qui nourrit son enfant,
Lui donne deux fois l'existence :
Pour mes fils j'en ai fait autant ;
Ils vivent ! c'est ma récompense.

TOUS TROIS.

Poursuivons gaîment, &c.
Courage.... courage.... courage.

La cit. ARMAND.

Le moulin va son train,
Mais j'en suis à la fin ;
J'n'en ons plus, c'est dommage.

GERMAIN.

Le balai va son train,
J'irois jusqu'à demain ;
L'exemple m'encourage.

JULIE.

Do do,
L'enfant do,
L'enfant dormira bientôt.
Dodo, dodo.

ENSEMBLE.

Poursuivons gaîment notre ouvrage, &c.

La citoyenne ARMAND.

Eh ben, v'là pourtant notre chambre à coucher, note sallon de compagnie, note salle à manger, note cuisine !... tout ça est prêt au même instant ! Si mon mari vivoit encore, vous n'auriez pas s'l'embarras ; mais je suis restée seule.... mes deux fils, l'un à l'école, l'autre déjà en métier... et qui aiment leur mère... Ce p'tit-là f'ra d'même... Pas vrai, mon bon ami?... Il rit comme s'il m'entendoit.... Il est beau! il vous ressemble déjà.

JULIE.

S'il pouvoit savoir ce que vous avez fait pour lui, pour sa mère, pour son oncle!...

La citoyenne ARMAND.

Il feroit comme vous, il m'aimeroit aussi, et il augmenteroit la satisfaction que j'éprouve toutes les fois que je vous entends dire que vous êtes bien-aises de m'avoir quelque obligation.

GERMAIN.

Nous retirer chez vous sans nous connoître, seulement parce que vous nous avez crus innocens et persécutés! et avoir risqué pour cela votre liberté! votre vie!...

La cit. ARMAND, *riant, et avec tendresse.*

Ah! ça n'y a rien gâté, je vous assure : si on ne couroit pas quelques dangers pour rendre service, qu'est-ce que ce seroit donc qu'obliger?... On n'a pas de plaisir sans l'acheter un peu; et celui-là, à mon avis, ne pouviont jamais se payer trop cher.

JULIE.

Mais enfin, si ces hommes cruels avoient su?...

La citoyenne ARMAND.

Je somm' née heureuse, je vous l'ai dit.... D'abord j'ai donc pu ici vous.... (*Julie et Germain lui serrent la main.*) Eh bien! oui, c'est ça, je ne vous en dis pas plus; et jusques-là je m'étois toujours tirée d'affaire.... La pauvreté, quand on sait la supporter, a bien ses petits avantages. Depuis dix-sept ans à-peu-près que je sis une pauvre femme, et qu'on m'appelle comme ça .. ça vous fait rire ? .. oui, la *Pauvre Femme* : je sis encore plus connue sous ce nom là que sous celui de la veuve Armand, et ce n'est peut-être qu'à lui que je dois mon repos et votre tranquillité... J'étois donc.... Je vous raconte ça, moi... comme mon pauvre défunt ses campagnes.... Dans ces derniers temps on avoit le cœur si serré, qu'on n'osoit pas.... et puis, j'aimons un peu à parler : ça, c'est vrai.

GERMAIN.

Et nous, nous aimons tant à vous entendre!

La citoyenne ARMAND.

V'la c'qui fait que nous nous accordons si bien.... J'étois donc pauvre et honnête, ça va souvent ensemble. Je travaillois de l'aiguille... Pas trop bien; mais vîte, et dès le point du jour... Une autre fois des commissions, un ménage à faire.... je ne refusions rien. J'avois un mari infirme à nourrir, et deux petits enfans, assez gentilles, au bout de tout ça.... Et j'aurois pu, peut-être.... Mais de la vertu et du pain, je n'en demandions pas plus. Aussi, dès qu'il y avoit quelque besogne pressée à faire... à aller, à courir.... de l'argent à gagner, on disoit : Il faut avertir c'te pauvre femme, la femme d'Armand. Et v'là la pauvre femme qui couroit, qui cousoit, qui trottoit, que c'étoit une bénédiction.... Mon mari étoit souvent malade.... Ce pauvre cher homme! il avoit été soldat, ça l'avoit vieilli avant l'âge. Les voisins le savoient... Les pauvres venoient me voir; les riches, (et il y en avoit de ben charitables!... Je l'ai dit dans tous les temps, et rien.... rien n'a pu me le faire oublier.) Les riches donc, disoient : Portez du vin, du bouillon chez c'te pauvre femme, son mari est incommodé. Et le vin vieux, le bon bouillon arrivoient ; ça ranimoit mon homme, et la pauvre femme étoit plus reconnoissante de ce qu'on faisoit pour son mari, que si c'eût été pour elle.... C'est t'y pas tout simple?... Le nouveau règne est venu, vous savez pourquoi.... ils l'ont ben mérité! V'là l'assemblée, v'là les sections; enfin ça prenoit une fière tournure. On s'informoit des braves gens. Qu'est-ce que c'est que la femme Armand, disoit-on? — C'est une pauvre femme qui fait vivre un mari infirme et deux petits enfans... Oui!.. Il faut lui accorder des secours, lui donner de l'ouvrage.... Bon ça. Et la pauvre femme ne manquoit encore de rien. Ça a duré jusqu'à ce que des méchans, prêchant le meurtre et le pillage.... Vous avez vu tout ça.... Ça été toujours de pis en pis. J'ai perdu mon mari; la guerre est venue, et puis les factions, et puis la terreur.... et puis, enfin, comme dit st'autre, j'sommes tombés de *Charybe* dans *Scylla*. Le régime du grand tyran est arrivé. C'est ben alors qu'il étoit heureux d'être une pauvre femme!.. Quand ces messieurs à bonnets rouges, à moustaches noires, à grands sabres, et à porte-feuilles bien garnis, alloient par tout fouillant, taxant, injuriant, incarcérant, ce n'étoit pas dans mon grenier qu'ils seroient venus.... Ils ont arrêté tout le quartier; de braves gens.... Ah!... mais quand il a fallu monter ici.... comment sarpedié, a dit l'un deux.... et il a dit encore mieux que ça ... Tu veux donc que je me casse le cou, de me faire monter dans ce maudit galetas ? Eh ! que diable veux-tu qu'on trouve chez s'te pauvre femme ?... C'est le Ciel qui les a inspirés ; car ils auroient trouvé chez s'te pauvre femme des trésors ! ... une bonne mère, un frère sensible, deux honnêtes créatures qui ont bien voulu se confier à moi, parce que..., là... convenez-en tous deux, parce que vous avez cru être plus en sûreté chez une pauvre femme, et rencontrer chez elle une amie plus sensible à vos malheurs ?...

JULIE.

Oui, oui.

GERMAIN.

Et nous ne nous sommes pas trompés.

La citoyenne ARMAND.

Vivent donc les bonnes gens comme vous, et les pauvres femmes comme moi ! ... Je sis votre mère à tous deux ; car je vous ai adoptés : et s'il avoit fallu vous voir aller là-bas... où tout le monde alloit si vite, nous y aurions été tous trois, au moins. ... Ah ça ! il n'y a pauvre femme qui tienne ; j'aurions fait ensemble le voyage, parce que vous êtes innocens, parce que je le sais, parce que je l'aurois dit.... Sans cela, vous aurois-je reçus ? Ah ! si vous eussiez été de mauvais citoyens, de ces gens qui ont trahi leur patrie, qui veulent la déchirer.... porte fermée.... Il n'y a que les pauvres pour aimer par-dessus tout leur honneur ; ils n'ont que ça dans le monde qu'ils puissent dire à eux.

GERMAIN.

Vous nous avez bien jugés, depuis qu'un hazard heureux et imprévu nous a réunis chez vous, vous aviez bien lu dans nos cœurs et vous avez vu que malgré les chagrins qui nous accablent, malgré l'incertitude cruelle dans laquelle nous vivons sur le sort de son époux, de mon frère, nous sommes sans cesse occupés des malheurs de notre patrie ; nous gémissons tous les jours ensemble, sur les plaies que la méchanceté, l'ignorance, n'ont cessé de lui faire.

La citoyenne ARMAND.

Tout va changer... Ecoutez donc, il n'y a que douze jours qu'on respire.... J'ai bonne idée de tout ça.... Je ne vous ai pas trompés jusqu'à présent. Je cours Paris ; je vais à l'un, à l'autre, rien qu'à la figure des gens dans les rues, je vois où en sont les affaires ; et ça va bien, je vous dis que ça va bien.

COUPLETS.

Après la chûte des tyrans,
La liberté doit reparoitre;
Déjà nos maux n'sont plus si grands,
Demain j'serons plus heureux, peut-être. (*bis.*)
A not' gré si tout n'va pas bien,
Il nous reste encore l'espérance...
Et puis, amis, n'est-ce donc rien
Que l'éternelle providence ! } *bis.*

Contre vos ennemis nombreux
Elle a protégé votre vie ;
Elle vient malgré les factieux
D'sauver encor notre patrie. (*bis.*)
Ces messieurs, pourtant, croyoient bien
Garder la suprême puissance....
Et puis, qu'ondis' que ce n'est rien
Que l'éternelle providence ! } *bis.*

Je sais qu'il est bien des méchans
Qui peuv' échapper au supplice ;
Mais viendra l'jour des châtimens,
Il est là-haut une justice ! (*bis.*)

Déjà pour punir leurs forfaits,
Ils ont le cri de leur conscience....
Et c'est encor un des bienfaits
De l'éternelle providence! } *bis.*

J'entends du bruit.... Ce sont mes nouvelles voisines qui sortent.

GERMAIN.

Où vont-elles de si bonne heure, et pour ne rentrer que si tard?...

La citoyenne ARMAND, *riant.*

Où elles vont?...

JULIE.

Travailler, sans doute; car j'ai apperçu que l'une file et l'autre tricotte.

La citoyenne ARMAND.

Oui, oui, elles travaillent... elles feroient peut-être mieux de ne rien faire.... les v'là qui vont se camper dans une tribune.

GERMAIN, *riant.*

Oh! je connois ces dames.

La citoyenne ARMAND.

Eh! oui, c'est ça.... Je vous demande ce qu'elles font là toute la journée? Est-ce que leur tricot et leur quenouille peuvent faire subsister leurs maris, leurs enfans?... Ne seroient-elles pas mieux dans leurs ménages?... Quand on a fait son petit tracas, qu'on aille à la Convention, qu'on y écoute, qu'on s'y instruise, à la bonne heure; mais ce doit être un devoir, un plaisir, et jamais un métier....

JULIE.

Si elles alloient vouloir entrer....

La citoyenne ARMAND.

Ah ! n'ayez pas peur : elles me connoissent bien. Encore hier, une d'elles, avec la figure ardente et une voix à l'air de son visage, ne me dit-elle pas : (*elle contrefait une de ces femmes dont la voix est grosse et « enrouée.*) Tu triomphes, voisines.... mais ça n'est pas » fini ... crois-moi, ça n'est pas fini ». Tu en as menti, lui répondis-je... le règne de la terreur ne reviendra plus : j'ose en prendre, au nom de tous mes concitoyens, l'engagement sacré, et ils ne me démentiront pas. Quand la justice et l'humanité marcheront ensemble, les braves gens n'auront rien à craindre, et sauvez-moi les braves gens, je réponds de tout ; nous avons la majorité.... Alors l'autre, en filant très-vite : (*avec « une voix aigre*) et la révolution donc? la révolution? « la révolution ?.. ah ! il y en aura une révolution », et la voici.... Après les orages viendront les temps calmes ; après les dilapidations, l'économie ; après une guerre glorieuse, une paix plus glorieuse encore ; après les femmes révolutionnaires, mes voisines, les femmes occupées de leurs ménages, bonnes épouses, bonnes mères, bonnes citoyennes par conséquent ; et cette révolution là est très-prochaine, je puis vous l'assurer. Alors les femmes furieuses me quittent sans rien répondre ; et j'espère que m'en voilà débarrassée pour toujours.

GERMAIN.

J'aime la sainte indignation de notre amie.

La citoyenne ARMAND.

Paix.... J'entends encore quelqu'un. (*ils veulent se sauver.*)

UNE VOIX.

Veuve Armand.... le facteur.

La citoyenne ARMAND, *à Julie et à Germain.*

C'est le facteur, restez. (*haut.*) Me voilà.

LE FACTEUR, *en dehors.*

Une lettre.

La citoyenne ARMAND.

Rien à payer ?.... passez-la sous la porte.... (*il la passe.*) Bien obligé, citoyen... Voyons ce que c'est... (*elle lit avec peine.*) « La citoyenne Armand est peut-» être embarrassée de savoir à qui remettre un objet important ».... Ma foi, non, je ne suis point embarrassée du tout. Car je ne sais pas ce que cela veut dire.... Continuons.... (*elle lit.*) « La personne qui » seule a le droit de le réclamer viendra demain », (La lettre est datée du 20 thermidor ; c'est hier.) « viendra demain dans la journée pour s'en expli-» quer avec elle ». Il peut venir, cela ne me regarde pas. (*à ses amis.*) Mais.... si cela vous regardoit, vous ? si c'étoit un prétexte ?...

GERMAIN.

Je ne crois pas qu'à présent....

La citoyenne ARMAND, *vivement.*

Ah ! tous les méchans ne sont pas morts.... mais nous sommes sur nos gardes, nous verrons venir.... Allons au plus pressé. Je vais sortir pour mes petites emplettes ; le buffet n'est pas trop garni, et comme nous ne faisons plus à présent que deux repas, un le matin, qui tient lieu de déjeûné et de dîner, et l'autre le soir, il faut au moins qu'ils soient bons.

GERMAIN, *montrant Julie.*

C'est juste.... une nourrice.... Et puis, j'ai un appétit ce matin....

La citoyenne ARMAND.

Eh bien ! je vais vite, et je ne serai pas long-temps... Si on frappe... ne répondez pas ; à moins que ce ne soit Jacques, le porteur d'eau.... Ah ! celui-là, nous avons été obligé de le mettre dans la confidence : mais il n'y a pas de risque ; il ne vous connoit que sous le nom de Julie et de Germain.

JULIE.

D'ailleurs, c'est un si honnête homme !

GERMAIN.

C'est l'ami de la bonne Armand !

La citoyenne ARMAND.

Adieu !....

JULIE.

Je vais remonter.

La citoyenne ARMAND.

Non, non ; ne travaillez pas tant, bonne mère, je vous en prie, ne travaillez pas tant, ça vous fatigue, et je craindrois que le petit garçon... C'est notre enfant à tous, et je ne voulons pas.... (*elle va au lit.*) Il dort toujours, et ne crie jamais : on diroit qu'il est du secret.... (*à Germain.*) Et vous, restez avec elle : je reviens à l'instant.... Adieu, tout le monde, adieu.

(*Elle prend un panier, et s'en va. Germain descend dans sa cachette.*)

SCÈNE

SCÈNE IV.

GERMAIN *remonte*, JULIE.

JULIE.

Que nous sommes heureux de nous être adressés à cette excellente femme!

GERMAIN.

Il faut en convenir, c'est un être bien étonnant!

JULIE.

Et bien rare!

GERMAIN.

Non.... le peuple offre mille exemples de cette espèce, qu'on ne connoît pas assez. Croyez qu'au milieu de toutes les scènes d'horreur reprochées justement à certains individus, il s'est passé des traits superbes qu'on n'a pas osé citer. Aussi, on a beau commettre des injustices au nom du peuple, je ne l'en aime pas moins, je n'en écrirai pas moins pour tâcher de le rendre plus heureux; et s'il m'arrive de faire quelques découvertes avantageuses à l'humanité, de donner quelques avis profitables à mes frères, je serai payé de tout ce que j'ai souffert. Si j'ai cherché jusqu'ici à sauver ma tête, ce n'est point par la crainte de la mort; mais parce que j'ai cru que ma vie pourroit être utile à mes semblables.

JULIE.

Bien des victimes gémissent encore, bien des scélérats triomphent, et depuis douze jours, pourtant, les chefs ne sont plus!

GERMAIN.

Eh ! ne voyez-vous pas que la Justice ne doit point marcher comme la Tyrannie ? Celle-ci se hâte ; elle compte les momens, comme si elle savoit que son règne doit être court. La Justice, sage, réfléchie, immuable, calcule tous ses pas... et si elle semble lente à frapper, c'est qu'elle regarde à plusieurs fois, dans la crainte de confondre l'innocent avec le coupable. Modérez donc cette juste impatience : tôt ou tard les méchans seront démasqués, arrêtés, punis ; les bons seront rendus à leurs familles, à leurs occupations ; chaque jour, des actes de bienfaisance remplaceront ces listes sanglantes de proscriptions et d'assassinats : la douce confiance, l'humanité reparoîtront chez les Français ; ils seront généreux sans cesser d'être justes, et ils sentiront que si c'est un devoir pénible de punir le crime, il reste une consolation bien puissante, celle de secourir l'infortune opprimée, et de venger l'innocence et la vertu.... (*avec enthousiasme.*) Avenir !... dédommages-nous des maux que nous avons soufferts ... Gloire de mon pays ! efface la honte dont ils ont osé souiller quelques pages de notre histoire.... Postérité ! ne nous juge pas sur les forfaits d'une poignée de brigands. (*à Julie.*) Nous avons tremblé, vous pour un époux, moi pour un frère.... Nous n'avons que trop craint ; espérons à présent, nous en avons besoin.

DUO.

Unissons désormais nos vœux,
Comme nous unissions nos larmes;
Espérer d'être un jour heureux,
Ce moment a déjà des charmes.

GERMAIN.

Je reverrai bientôt mon frère ;
Il n'a point tombé sous leurs coups.

JULIE.

Puisse, à mon ardente prière,
Le ciel rendre enfin mon époux !

Ensemble.

Unissons en ce jour nos vœux, &c.

(*vivement, et à demi-voix.*)

Renais encor, douce espérance,
Fidèle appui des malheureux !
Adoucis nos tourmens affreux,
Fais-nous supporter l'existence.

GERMAIN.

Mais voici notre amie de retour.

JULIE.

Elle paroît fatiguée.

SCÈNE V.

Les précédens, la citoyenne ARMAND, *triste.*

La citoyenne ARMAND.

Me voilà pourtant. (*elle s'assied.*)

GERMAIN.

Donnez le panier.

JULIE.

Nous allons mettre la table.

La citoyenne ARMAND.

Allons, c'est juste.... Je suis lasse.

JULIE.

Et puis, ne sommes-nous pas vos enfans ?

La citoyenne ARMAND, *tendrement.*

Eh ! sans doute, venez donc embrasser votre mère. (*ils l'embrassent.... à part.*) Ils me font une peine ! (*ils mettent le couvert.*)

JULIE.

Nous approcherons la table de vous.

La citoyenne ARMAND.

Non, non, j'irai bien. (*à part.*) On m'a refusée, repoussée ; que deviendront-ils donc, si je ne trouve pas de personnes généreuses ?... Est-ce qu'il n'y a plus sur la terre que des avares et des égoïstes ?... Ah ! ce seroit la fin du monde.

GERMAIN.

Voilà tout arrangé.

La citoyenne ARMAND, *à part.*

Je ne mangerai rien, non ... Ils ont déjà si peu de chose !.. Et puis, je serai peut-être plus heureuse ce soir.... et alors, je souperai de meilleur appétit.

JULIE.

Venez-vous, ma bonne amie ?....

La citoyenne ARMAND.

Je ne vous ai pas dit.... mais, en route, j'ai déjeûné.

GERMAIN.

Sans nous ?... c'est bien mal !...

La citoyenne ARMAND.

Non, non.

JULIE.

Si.... bien mal.

La citoyenne ARMAND, *souriant.*

Je vous dis que non.... je sis contente d'avoir déjeûné comme ça. (*on entend crier, à l'eau ! à l'eau !...*)

JULIE.

C'est notre ami Jacques.

JACQUES, *plus fort.*

A l'eau ! à l'eau !...

La citoyenne ARMAND.

Jacques, je vais t'ouvrir.

SCÈNE VI.

Les précédens, JACQUES.

JACQUES.

BONJOUR, Citoyenne; serviteur à votre compagnie.

La citoyenne ARMAND.

Bonjour, Jacques.

JACQUES.

Ne vous dérangez pas; je vais emplir la fontaine... A propos, Citoyenne, que je vous dise donc : j'ons rencontré hier un citoyen, une de mes anciennes pratiques, qui m'a demandé si vous logiez toujours au même endroit.

La citoyenne ARMAND.

Le connois-je ?

JACQUES.

Il dit qu'il vous connoit bien, lui ; car il vous a écrit, et il ne savoit pas si sa lettre.... (*il verse toujours de l'eau.*)

La citoyenne ARMAND.

Je l'ai reçue ; mais.... je n'ai rien conçu à ce qu'il me mande.

JACQUES.

Il vous expliquera ça ; il viendra ce matin.

La citoyenne ARMAND.

Je le sais.... Quel est son nom ?

JACQUES.

Il m'a défendu de vous le dire : il veut voir si vous le reconnoîtrez.

La citoyenne ARMAND.

Voilà bien du mystère !....

JACQUES.

Ah ! n'ayez pas peur. (*il quitte son ouvrage.*) C'est le plus brave homme !... Il y étoit aussi ; il vient d'en sortir....

JULIE.

Un prisonnier mis en liberté !

JACQUES.

On ne voit que ça !... et ça m'fait un plaisir de retrouver de mes amis ! de mes pratiques ! de bonnes personnes ! Ah ! ils n'avoient pas choisi les plus pires, et ils avoient bien leurs raisons.

JULIE.

Il a été mis en liberté ! Celui que vous connoissez ? est-ce un homme marié ?

JACQUES.

Ma fine, j'crois ben qu'oui ; il y avoit quelque temps que je l'avions perdu de vue : il étoit garçon quand je l'ons connu, et c'étoit ben le plus aimable homme ! un bon citoyen ! humain, charitable pour tous ceux qui le servoient.

JULIE, *à Germain.*

Humain, charitable ; ah ! c'est comme.... Continuez donc, mon cher Jacques.

JACQUES.

Et c'est pourtant son domestique qui l'a fait mettre dedans.

GERMAIN.

Son domestique !

JACQUES.

Oh ! oui : il y en a beaucoup qui ont fait ce joli petit métier là.... c'est peut-être à cause de ça qu'on les a appellés des *officieux*.

JULIE, *avec sentiment.*

Il en est beaucoup aussi qui, désintéressés, courageux, discrets, fidèles à leurs bienfaiteurs, les ont servi dans leurs prisons, ont partagé leurs souffrances, ont péri même avec eux.

JACQUES.

C'étoit pas des *officieux*, ceux-là... c'étoit des amis... Ce cher homme !...

JULIE.

Oui, parle-nous-en : il m'intéresse singulièrement.

JACQUES.

Ce cher homme ! il m'a raconté des choses.... (*avec*

attendrissement.) qui m'auroient fait pleurer.... si j'en avois eu le temps.... Mais il falloit.... Oh ! je le retrouverai....

JULIE, *bas, à la citoyenne Armand, avec intérêt.*

Vous avez quelque chose.... prenez seulement un verre de vin....

La citoyenne ARMAND.

Un verre de vin ? à la bonne heure ; ça me....

JACQUES, *assis sur un de ses seaux.*

Vous êtes ben heureuse de boire un verre de vin : moi, qui ai travaillé tout le jour et qui ai un chaud !...

La citoyenne ARMAND, *lui donnant vivement son verre.*

Oh ! mon pauvre Jacques, bois donc.... bois, ça te fera du bien.

JULIE, *bas.*

Mais il n'en reste plus pour vous.

La citoyenne ARMAND.

Je n'ai pas soif ; non, en vérité, je n'ai pas soif du tout.... (*à Jacques.*) bois à la santé de mes chers convives.

JACQUES, *faisant le geste, et buvant.*

C'est dit.... et c'est fait... A présent, je me sentons mieux.

JULIE.

Reste encore, mon ami Jacques.

JACQUES.

Diable ! non pas, il faut que je me dépêche. Je vous porter de l'eau à des citoyens qui sont plus exigeans que vous.... da.... *fais ça!.. porte ça!..* Ça me fait rire, les tons que se donniont: (*confidemment.*) Moi qui les ai vus.... ce sont des enrichis, des fournisseurs ... et puis, certains membres du comité... oui, c'est ça. (*il rit.*)

La citoyenne ARMAND, *avec indignation.*

De ceux qui faisoient....

JACQUES, *de même.*

Oui, de ceux-là; mais j'ons dans l'idée qu'ils jouent de leur reste.... Ce n'est pas qu'il n'y en ait parmi eux.... Ah ça, faut être juste.... il y en a qui ont les meilleures intentions ... Mais, tenez, moi, v'là comme j'arrange ça. Quand je cours Paris, avec mes deux sieaux, qui m'semblont quelquefois ben lourds, tout en marchant, pon, pon, pon, je réfléchissons sur tout ça; et je donne mon avis, sans qu'on me le demande.

COUPLETS.

Il en est qui sont d'honnêtes gens,
Et j'ons toujours plaisir à l'dire;
Mais il en est d'bien ignorans
Et j'en connois qui n'savent pas lire. (*bis.*)
On a beau s'plaindre, les prier, (*bis.*)
Ils ont beau promet' de bien faire,
J'crois, moi, qu'ils sont de mon métier,
Car ils n'y font que de l'eau claire. (*bis.*)

Il en est qui sont plus adroits:
Dès que l'temps se met à l'orage,
Au bout d'leurs mains ils ont dix doigts
Dont ils savent bien faire usage. (*bis.*)
Si l'on n'y r'gard' pas de près,
Lorsque le mauvais temps redouble, (*bis.*)
Ils font comm' quelquefois je fais,
Ils savent puiser en eau trouble. (*bis.*)

Au fait, qu'est-ce que c'est que tous ces patriotes-là ? Des gens qui ont dit à d'autres qui valiont mieux qu'eux.... Ote-toi d'là pour que j'm'y mette ; tirez, tirez ! vilains.... housse ! housse ! housse ! (*il fait comme s'il les chassoit.*) Ah ça, quand j'aurai fini chez ces Messieurs, qui sont si pressés, je ferai ici un second voyage ; il en faut encore un pour remplir tout-à-fait la fontaine.

La citoyenne ARMAND.

A ton aise, Jacques.

(*il s'en va en chantant.*)

Ils font comme quelquefois, &c.

SCÈNE VII.

Les précédens, excepté JACQUES.

La citoyenne ARMAND, *à part.*

JE crains de leur faire voir mon inquiétude.

JULIE.

D'après ce que Jacques a dit, vous attendez du monde.

La citoyenne ARMAND.

Oui ; et comme nous ne savons pas qui ce peut être, il seroit bon de vous retirer d'avance....

JULIE, *à Germain.*

Allons, suivons ses avis.... nous nous en sommes toujours si bien trouvés !... Je vais emporter mon petit Jules. (*elle emporte le berceau.*)

GERMAIN.

Et moi, finir mon chapitre.

SCÈNE VIII.

La citoyenne ARMAND, *seule.*

ILS ont bien fait de s'en aller ; vraiment, je ne pouvions plus y tenir. Et puis, s'te visite !.... quoiqu'ça peut être ?... Il y a des jours comme ça... Cet homme... Un objet important.... Je cherche en vain à me rappeller.... (*on frappe.*) Qui est-ce ?

UNE VOIX.

C'est la personne qui a écrit à la citoyenne Armand.

La citoyenne ARMAND.

Je sais ce que c'est.... Attendez. (*elle regarde par la serrure.*) Une bonne figure !... mais je crois que je l'avons vu.... (*elle regarde encore.*) L'air ben honnête ! ça rassure toujours. Ouvrons. (*elle ouvre.*)

SCÈNE IX.

DERMONT, la citoyenne ARMAND.

DERMONT.

VOUS rappellez-vous mes traits ?

La citoyenne ARMAND.

Mais.... c'est tout au plus.

DERMONT.

Mon nom ne vous est pas connu ; mais, vous souvenez-vous d'un homme qui, dans la maison de Boston, où vous veniez chercher de l'ouvrage, a eu le bonheur....

La citoyenne ARMAND, *vivement.*

D'obliger mon mari. Je vous reconnois à présent, j'aurois été bien honteuse de vous avoir oublié.

DERMONT.

Ce n'est pas ce que je voulois dire..... A eu le bonheur de faire connoissance avec vous, et de vous retrouver dans une des circonstances les plus intéressantes de sa vie?

La citoyenne ARMAND, *étonnée.*

Je suis bien charmée!... Je ne me remets pas du tout quelle circonstance....

DERMONT.

Vous ne vous rappellez pas qu'un soir, entre onze heures et minuit, je vins à votre porte; je vous réveillai en vous disant: On me cherche; je serai sans doute arrêté cette nuit, et je voudrois conserver à ma femme et à mes enfans....

La citoyenne ARMAND, *se rappellant confusément.*

Ah! ah!

DERMONT.

Je remis alors à votre mari....

La citoyenne ARMAND, *très-vivement.*

Oui, oui, un porte feuille... Ah! je m'en souviens... Je vous demande bien pardon.... Il étoit de maroquin rouge, assez gros.... sans serrure, n'est-ce pas?....

DERMONT.

C'est cela même.

La citoyenne ARMAND.

Comment avoir pu oublier ?... pardon ! pardon !... Comme j'avions peur qu'on ne fit quelques recherches, je l'avons caché tout de suite.

DERMONT.

C'est très-sage.

La citoyenne ARMAND.

Et nous allons le trouver dans l'endroit.... (*elle va sous l'escalier, et veut en tirer une malle pesante.*) Voudriez-vous bien m'aider ?

DERMONT.

Avec plaisir. (*tous deux apportent la malle.*)

La citoyenne ARMAND, *tout en parlant.*

C'est le coffre du pauvre défunt.... (*soupirant.*) que je n'ons pas ouvert depuis.... Mais, vous allez voir... (*elle sort les hardes de la malle, fouille dans toutes les poches, et ne trouve pas le porte-feuille.*) Ah! mon Dieu ! ah ! mon Dieu ! il n'y est pas!... il n'y est pas ! Monsieur.... Monsieur.... (*elle jette et secoue les habits.*) Je suis perdue ! (*sa tête tombe sur la malle.*)

Nota. *L'actrice doit prendre par degré son trouble et son effroi, et regarder alternativement la malle et Dermont.*

DERMONT.

Remettez-vous ; il se trouvera.

La citoyenne ARMAND.

Oui, sans doute, il se trouvera.... il le faut bien ; dussé-je décarreler toute cette chambre, ôter toutes les tuiles du toit !... Ce n'est pas seulement votre porte-feuille qu'il faut que je retrouve.... c'est ma probité, celle de mon mari, qui ne doit pas être soupçonnée.... Mais, où c'que je le chercherai ?... voyons, (*elle veut aller vers le grenier, et s'arrête.*) Quand je serai seule... Je vous demandons bien excuse ; mais il faut que je sois seule pour le chercher.

DERMONT.

Eh bien ! je me retire. (*à part.*) Je ne sais que penser.

La citoyenne ARMAND.

De grace, n'ayez pas de crainte ; vous avez affaire à d'honnêtes gens.

DERMONT.

Je le crois.

La citoyenne ARMAND.

Et vous, qui êtes un honnête homme aussi, vous vous reprocheriez de les avoir accusés injustement.... Six mois se sont écoulés !... Mon mari est mort ! et puis tant d'événemens fâcheux !... tout cela a troublé mes idées.... Souvent même je ne me ressouviens plus.... Mais avec un peu de temps ; revenez dans une demi-heure ; oui, dans une demi-heure, ça suffit ; il sera trouvé.... (*avec dignité.*) Ou bien, vous me trouverez toujours, moi.

DERMONT.

Je suis persuadé que vous méritez la confiance que je vous ai donnée.... (*à part.*) J'ai tant vu de méchans, que mes yeux ont besoin de se reposer sur l'honnêteté et sur la vertu. (*il sort.*)

SCÈNE X.

La citoyenne ARMAND, *ensuite* JULIE, GERMAIN.

La citoyenne ARMAND, *qui rêvoit.*

IL est inquiet.... il croit son porte-feuille perdu. (*elle appelle, elle frappe vîte.*) Mes amis, mes enfans, aidez-moi.... j'en perds la tête.... Un dépôt.... De l'argent ... Mon mari.... Moi.... moi, je l'ai serré, caché, perdu, et je me tue si je ne le retrouve pas.

JULIE.

Vous m'effrayez.

La citoyenne ARMAND.

Un homme que je n'ai vu qu'une fois, qui a obligé mon mari... lui a remis... nous a remis à tous deux un porte-feuille : c'est vrai, il nous l'a remis. Eh bien ! je ne sais plus où est le maudit, l'infernal porte-feuille : plus je cherche, plus ma tête se trouble !.... Rassurez-moi, consolez-moi, aidez-moi à le trouver, mes enfans ; c'est le service le plus essentiel que vous puissiez jamais me rendre. (*elle pleure.*)

GERMAIN.

Ne vous tourmentez pas, et cherchons. Par où commencerons-nous ?

La citoyenne ARMAND.

Eh ! le sais-je ?... Je ne sais rien, je ne sais rien que le désespoir.... Mais, cherchez donc, cherchez donc,

TOUS DEUX, *courant sans savoir où.*

Je cherche, je cherche. (*ils vont au coffre.*)

La citoyenne ARMAND, *marchant.*

Non, non ; il n'est pas là-dedans.... Un dépôt!... un dépôt !... Et l'on diroit que.... Ah !

GERMAIN.

Je vais voir si, dans le petit grenier ou en bas...

La citoyenne ARMAND.

Non, il est ici.... Je suis sûre qu'il doit être ici.

JULIE.

Dans les matelas?

La citoyenne ARMAND.

Oui, peut-être bien.

JULIE, *décousant.*

Me voilà à l'ouvrage.

La citoyenne ARMAND.

Sous le lit?...

GERMAIN, *par terre.*

J'y regarde.

La citoyenne ARMAND.

Dans les armoires !...

GERMAIN.

J'y vais voir; et, sur-tout, ne nous décourageons pas.

TRIO.

Remettez-vous, ma chère amie,
Et rappellez bien tous vos sens.

La citoyenne ARMAND.

Je dois être seule punie,
Et je vous gronde, mes enfans!
Hélas! mon Dieu, quelle souffrance,
Si par hazard on l'avoit pris.

Sentez-

Sentez-vous bien, mes chers amis,
De quel soupçon mon innocence!...
(*elle se lève.*)
Ah! j'en frémis! ah! j'en frémis.
(*tous deux la caressent.*)

GERMAIN, JULIE.

Encore un peu de patience.

La citoyenne ARMAND, *très-agitée.*

Oui, oui, je prenons patience....
Mais pourtant vous ne trouvez rien!

TOUS DEUX.

Ne perdez donc pas l'espérance,
Tantôt vous le disiez si bien!
« Eh! mes enfans, n'est-ce donc rien
» Que l'éternelle providence! »

La citoyenne ARMAND, *les larmes aux yeux.*

Eh! oui,... je vous le disois bien....
Mais pourtant nous ne trouvons rien.

TOUS DEUX, *la caressant.*

Ne perdez donc pas l'espérance,
Tantôt vous le disiez si bien, &c.

La citoyenne ARMAND, *avec la plus grande action.*

Ah! il est là!... (*montrant la pierre sur laquelle est la fontaine.*) je m'en souviens.

(*avec la plus grande chaleur.*)
Je dois y croire, et j'y crois bien,
A l'éternelle providence.
Il est là, vous saurez pourquoi.
A le retirer aidez-moi.

JULIE, GERMAIN.

Allons, il faut lever la pierre.
Bon!... tous les trois.

La citoyenne ARMAND.

Moi, la première.

JULIE, GERMAIN.

Il faut redoubler nos efforts,
Et nous sommes bien assez forts.

GERMAIN.

Nous y voilà, la pierre avance.

La citoyenne ARMAND.

Je crois appercevoir là-bas....

GERMAIN.

Elle fait encor résistance;
Pourtant je ne m'épargne pas.

La citoyenne ARMAND.

Eh ! oui : quel zel', voyez-les faire !
Mes enfans, faut vous reposer.

TOUS DEUX.

Eh ! peut-on jamais se lasser
Quand on travaille pour sa mère !
Un dernier effort.... Tous trois... Bien !

JULIE et la citoyenne ARMAND.

Rien à présent ne nous arrête.

La citoyenne ARMAND.

Le voilà donc !... Oui, je le tien.
Qu'il vienn' à présent, je n' crains rien.
J'savois ben, moi, qu'j'étois honnête.

JULIE et GERMAIN.	La citoyenne ARMAND.
Ah! quel plaisir ah! quel moment!	Ah! quel plaisir et quel moment!
Voilà notre peine finie;	Mes bons amis, je vous r'mercie;
Peines, plaisirs, espoir, tourment,	Peines, plaisirs, espoir, tourment,
Voilà ce que c'est que la vie.	V'là pourtant c'que c'est qu'la vie.

La citoyenne ARMAND.

Maintenant je m'en vais vous raconter pourquoi il se trouve là. Je l'avons caché, recaché en tant d'endroits, que tout ça s'étiont confondu dans ma mémoire; mais je me rappelle ben pourquoi nous préférâmes de le placer là-dessous.... Qui sait, nous dîmes-nous, si quelque jour, poussé par la curiosité, l'un de nous ne voudra pas voir ce que contient le porte-feuille ! Alors, il ne pourra pas remuer la grosse pierre tout seul, il sera obligé de s'adresser à l'autre, et celui-ci lui répondra.... Que veux-tu faire ?.... As-tu oublié que c'est un dépôt, et qu'il ne nous est pas permis même d'y regarder ?

GERMAIN.

Toujours la même !... Cette délicatesse...

La citoyenne ARMAND, *avec modestie.*

Eh ! non, c'est mon mari qui.... Mais je voudrois bien pourtant que ce Monsieur revînt ; je l'attends de pied ferme, à présent.... Il ne peut pas tarder : retournez dans votre cachette.... Et moi, je vais.... je vais me reposer un peu.... car, sans que cela ait paru, j'ai bien souffert.

JULIE, *l'embrassant et souriant.*

Oui, sans que cela ait paru.

GERMAIN, *de même.*

Ah ! elle prend sur elle, notre amie !

La citoyenne ARMAND, *souriant.*

Allons, vous m'avez rendu service ; ça vous ôte le droit de me gronder, quoique vous en ayez bien le sujet... Partez, partez.

SCÈNE XI.

La citoyenne ARMAND, *seule.*

Ah ! te voici donc !.... toi qui m'a donné tant de peines !.... Comme il est plein ! Si ce sont des assignats, il doit y en avoir beaucoup.... Mais oui, ce sont des assignats ! et ce citoyen-là sera ben heureux... Il n'y a pas de bonheur à ça : il me l'avoit confié, il devoit le retrouver. Si on pouvoit dire à ce brave homme dans quelle situation sont mes pauvres amis!... Mais il voudroit savoir qui ils sont, et je n'ai pas le droit de révéler leur secret : enfin, il va être bien riche, et sur tout ça.... un assignat de 400 francs.... de 100.... de 50.... Tiens, en v'là un qui se présente là de si bonne grace!.... Quand je pense qu'ils vont manquer de tout !.... et qu'avec une si petite somme, on gagneroit peut-être des temps plus heureux!.. Deux jours seulement, à présent c'est beaucoup !... 50 francs, pour les empêcher seulement de mourir de faim!.. Est-ce que je ne pourrois pas ?... Mon Dieu ! ne permets pas que je fasse rien d'indigne de moi ; tu fais que, depuis plus de trente ans que je vis..... (*vivement.*) Eh ! quand tout-à-l'heure il ne trouvera pas son compte, il ne sauroit pas mes motifs.... Et, que penseroit-il de moi ?... (*on frappe.*) Allons, c'est lui : il faut ouvrir et lui remettre son argent. Pauvre assignat de 50 francs ! tu les aurois fait vivre ! Ah ! c'est bien dur, c'est bien dur ! (*on frappe encore.*)

SCÈNE XII.

DERMONT, la citoyenne ARMAND.

La citoyenne ARMAND.

Arrivez, arrivez, Citoyen; je savois bien que je le retrouverois. Le v'là tel que nous l'avions mis sous cette pierre. Il étoit bien caché, comme vous voyez. Asséyez-vous, vous allez le compter.

DERMONT.

C'est inutile. (*à part.*) Je suis bien aise de lui avoir rendu justice.

La citoyenne ARMAND, *approchant la table de lui.*

Vous savez ben ce qu'il y avoit dedans; ainsi....

DERMONT, *s'asséyant.*

Non, je vous l'avoue; mais j'étois si sûr de l'honnêteté de ceux...

La citoyenne ARMAND, *à part.*

L'honnêteté !.... Comme j'ai bien fait de ne pas prendre l'assignat ! (*haut.*) Le voici.... le voici tout entier, je suis bien aise d'en être débarrassée.

DERMONT.

En effet, je sais qu'en le gardant vous couriez le risque....

La citoyenne ARMAND.

Oui, j'en ai couru un bien grand; mais dieu merci, le voilà passé.

DERMONT.

Il me reste à vous assurer de ma sincère reconnoissance; croyez que je sens bien, et que si je.... (*à part.*) Cette femme m'en impose, je n'ose lui offrir moi-même.... (*haut.*) et que si je puis rencontrer dans ma vie quelque occasion, je la saisirai........

La citoyenne ARMAND, *embarrassée.*

Je le crois; (*à part.*) Si j'osois lui demander.....

DERMONT, *très-embarrassé.*

Adieu, citoyenne.

La citoyenne ARMAND, *de même.*

Adieu, citoyen.

DERMONT.

Je vous quitte promptement, car je suis très-empressé de rejoindre un ami qui doit me donner une nouvelle qui me rendra peut-être aujourd'hui le plus fortuné des hommes.

La citoyenne ARMAND.

Citoyen, je le souhaite de tout mon cœur.

DERMONT, *à part.*

Puissé-je trouver quelques moyens de lui être utile?

La citoyenne ARMAND, *à part.*

Il se consulte.

DERMONT, *à part.*

Car je ne serai parfaitement heureux que le jour où je pourrai lui bien témoigner ma reconnoissance et mon admiration.

La citoyenne ARMAND, *à part.*

Il revient.

DERMONT, *lui prenant la main.*

Adieu, citoyenne.... honnête citoyenne. (*il sort.*)

La cit. ARMAND, *avec un mouvement d'espérance.*

Adieu, cito.... Il s'en va !....

SCÈNE XIII.

La citoyenne ARMAND, *seule, regardant tout de suite sur la table et sur la chaise avec vivacité.*

Il n'a rien laissé !... Non, il n'a rien laissé !... Et pourquoi ne pas lui avoir demandé ?... L'amour-propre... Allons, il faut tout immoler pour sauver ses amis. (*elle va à la porte, qu'elle ouvre.*) Citoyen, je n'en rougis pas, donnez-moi..... Il est parti !.... il est parti.... et c'est ma maudite vanité.... Je ne m'en consolerai jamais.

SCÈNE XIV.

JACQUES, la citoyenne ARMAND.

JACQUES, *accourant, sans ses seaux.*

N'AYEZ pas peur... C'est moi, ce n'est que moi, et bien pressé, encore !...

La citoyenne ARMAND.

Qu'as-tu donc, mon ami ?

JACQUES.

Une bonne nouvelle à vous apprendre.

La citoyenne ARMAND.

A moi ? Elle viendroit bien à propos.

JACQUES.

Le citoyen à la lettre....

La citoyenne ARMAND.

Je viens de le voir.

JACQUES.

Et moi aussi, je viens de le voir.... Et savez-vous ce qu'il m'a dit dans la rue, citoyenne Armand?...

La citoyenne ARMAND.

Il t'a peut-être dit que je lui avois remis....

JACQUES.

Rien de tout ça... Jacques, tu peux, m'a-t-il dit, dit-t'y, me tirer d'un grand embarras.—De tout mon cœur, citoyen.—Tu connois bien la citoyenne Armand? — Je monte à présent chez elle. — Elle m'a rendu un service essentiel. — Elle en est bien capable. — Je voudrois lui en prouver ma reconnoissance. — C'est tout naturel.— Mais j'ai craint d'alarmer sa délicatesse. — Vous avez eu raison.—Et je te prie de lui porter cette preuve.— Donnez vîte!... Et v'là que je montions les escaliers quatre à quatre pour être plutôt arrivé.

La citoyenne ARMAND.

Et moi, qui l'accusois! Mon Dieu! pardonne-le-moi.

JACQUES.

Prenez donc le paquet.

La citoyenne ARMAND.

Qu'est-ce que c'est?... Tout ça? comment tout ça?

JACQUES.

Ma fine, le v'là comme il me l'a baillé.

La citoyenne ARMAND.

Courons le remercier.

JACQUES.

Il est bien loin à présent.... Car il m'a payé d'avance ma commission.... Et malgré moi, encore !...

La citoyenne ARMAND.

Une somme aussi forte ! mais quel bonheur..... Jacques, si tu savois.... Ce n'est pas pour moi.

JACQUES.

Je m'en doute bien.

La citoyenne ARMAND.

Mes amis, mes enfans, venez vîte. (*elle crie, et Jacques crie aussi.*)

SCENE XV.

Les précédens, JULIE, GERMAIN, *accourant.*

La citoyenne ARMAND, *joyeuse.*

VOYEZ-vous ce paquet, il y a douze cents.... Il y a douze mille.... C'est égal, mes chers enfans, je puis vous le dire ; nous n'avions plus rien, plus de ressources, j'étois au désespoir.... Et un homme.... un ange !... Il m'a envoyé de quoi nourrir mes bien-aimés, mes chers enfans !.. Je ne les verrai pas souffrir, expirer devant moi, de misère et de besoin.

TOUS DEUX, *l'embrassant.*

Mon excellente amie ! c'est encore à toi....

La citoyenne ARMAND, *avec fermeté.*

A moi?... Non, non.... c'est à l'Être suprême que nous devons : oui, et ça fait plaisir quand on éprouve un bonheur de croire que ce n'est pas seulement un effet du hasard, mais une preuve de sa justice et de sa bonté. Remercions-le donc tous les trois.... (*ils veulent parler.*) Non, non, point de phrase.... l'élan du cœur, les yeux vers le ciel.... une larme qui s'échappe, et ce sentiment profond de reconnoissance.... (*elle joint les mains.*) V'là la prière faite, et celle-là en vaut ben une autre, que je crois. (*Jacques, en écoutant, s'est arrêté, et a fait comme eux.*)

JACQUES.

Je m'en suis mis aussi, moi, pour le remercier de ce qu'il m'a choisi plutôt qu'un autre pour vous porter s'te bonne nouvelle.

La citoyenne ARMAND, *à Julie.*

Prenez ça, prenez donc.

JULIE.

Non, c'est à vous....

La citoyenne ARMAND.

Je ne l'ai desiré que pour vous; je ne l'ai regretté que pour vous; j'ai pensé le voler pour vous.

TOUS TROIS.

Ciel!...

La citoyenne ARMAND.

Oui, oui, le desir m'en est venu; et c'est peut-être le moment de ma vie où j'ai eu le plus de mérite que celui où j'ai résisté; car, il faut l'avouer, j'ai cru un instant faire la plus belle chose du monde. Et si pourtant cet homme, ayant voulu m'éprouver, avoit trouvé un assignat de moins, il n'auroit rien dit, j'en suis sûre ; mais il m'auroit méprisée, et j'aurois perdu, pour avoir oublié un instant la scrupuleuse probité, toute cette somme qu'il me donne pour vous. C'est à vous que j'aurois fait tort ; et le ciel m'a épargné ce malheur.

JULIE.

Je ne consentirai pas.... cet argent vous appartient.

La citoyenne ARMAND.

Non, gardez-le ; ça me rendroit riche, et je ne veux pas l'être : j'ai été toute ma vie pauvre femme, pauvre femme je veux mourir.

GERMAIN.

Je vous en supplie.

La citoyenne ARMAND.

Non.

JULIE.

Je l'exige.

La citoyenne ARMAND.

Encore moins.

GERMAIN.

Mais qui nous mettra donc d'accord ?

SCÈNE XVI *et dernière.*

Les précédens, DERMONT.

DERMONT, *ouvrant la porte.*

Moi.... oui.... moi.... j'ai tout entendu....

JULIE.

Nous sommes découverts.

GERMAIN.

Fuyons.

DERMONT.

Eh! mes amis, pourquoi me fuir, quand j'ai tant de plaisir à vous retrouver?

(*Julie, déjà sur l'échelle; Germain, la trappe levée; et Jacques, son seau levé.*) Tableau.

JULIE, *accourant.*

C'est lui.

GERMAIN.

Mon frère!

JULIE.

Mon époux!....

(*Jacques part, et grimpe dans le grenier.*)

QUINQUE.

GERMAIN et la citoyenne ARMAND.

C'est lui.

JULIE.

C'est toi!

DERMONT.

C'est ma Julie.
Oh! quel bonheur! je vous revois
(*à la citoyenne Armand.*)
Et c'est à vous que je le dois.

GERMAIN.

Elle nous a sauvé la vie:
Embrasse cette digne amie.

DERMONT.

Et mon fils, mon fils?....

JACQUES, *l'apportant.*

J'ons deviné votre impatience:
Tenez, le voilà, votre fils,
Et je l'baisons pour récompense.
(*Il baise l'enfant.*)

TOUS, *à la citoyenne Armand.*

En nous voyant tous réunis,
Ivres d'amour et d'alégresse,
Et de bonheur et de tendresse,
De tes bienfaits reçois le prix.

DERMONT.

Que ce jour pour nous est heureux!
Quand la liberté m'est rendue,
Le sort surpasse tous mes vœux :
Votre innocence est reconnue.

TOUS.

Gloire à toi, Sénat courageux!
Qui renverse la tyrannie,
Et, juste autant que généreux,
Nous rends et l'honneur et la vie.

GERMAIN.

Mais, comment as-tu pu découvrir?....

DERMONT.

L'ami qui t'a conduit ici me cherchoit par-tout, et au moment même où je descendois, un billet m'a appris où étoit mon frère.... mais je ne m'attendois pas d'y retrouver encore et ma femme et mon fils. O ma chère Armand!

La citoyenne ARMAND.

Comment! c'est la pauvre femme qui est cause de tout ce bonheur-là? C'est moi qui retirois ici, sans le savoir, votre frère, votre femme et votre fils.... et votre porte-feuille.

JACQUES, *enchanté.*

Et c'est moi qui lui ai donné votre adresse.

DERMONT.

Je croyois vous avoir fait un présent, ma digne

amie, et je vous suis bien redevable.... Toute ma fortune.... ma vie même....

La citoyenne ARMAND.

Je ne veux de tout ça que votre amitié; et, tenez, je vous déficrois, avec toute votre richesse, de me rendre jamais plus heureuse que je le suis dans ce moment.

JACQUES.

Et moi donc! si j'osois vous dire.... Ah! mon dieu! mon dieu!

JULIE.

Tu ne nous quitteras pas, Jacques.

JACQUES.

Je le veux bien.... Je porterai l'eau, je porterai le vin, je porterai l'enfant, je porterai toute la maison.... si cela peut vous être utile.

GERMAIN, *prenant la citoyenne Armand et Jacques par la main.*

Voilà bien le peuple... le vrai peuple!... Qu'on ne corrompe pas son cœur, et l'on y trouvera toutes les vertus.

VAUDEVILLE.

JULIE.

Venez habiter avec nous,
Venez jouir de votre ouvrage;
Que mon fils, élevé par vous,
Vous attache à nous davantage. (*bis.*)

DERMONT.

Je pourrai lui laisser de l'or;
(*Tous deux répètent.*)
Mais en sa faveur je réclame
Un bien plus précieux encor.....
L'amitié de la pauvre femme.

La citoyenne ARMAND, *à tous trois.*

Aujourd'hui vous m'emmenerez ;
Mais j'y mettons pourtant une clause :
C'est que jamais vous n'parlerez
De c'que j'ai fait ; c'est si peu d'chose! (*bis.*)
Je n'ai pas peur q'plus opulens,
La vanité change votre ame;
Vous êtes dignes de tout temps
D'êtr' les amis d'la pauvr' femme.

GERMAIN.

Plus d'une fois je citerai
Ce fait bien digne de mémoire :
Pour exemple je l'offrirai
A ceux qui liront notre histoire.
Beautés riches de mille appas,
Si vous voulez charmer notre ame,
Ah ! de grace, n'oubliez pas
Le bon cœur de la pauvre femme.

JACQUES, *à la citoyenne Armand.*

Le ciel ne m'a point fait jaloux ;
Mais c'trait-là, j'aurions voulu l'faire.
J'm'en serions tiré moins bien q'vous ;
J'vous disons vrai, car j'sis sincère. (*bis.*)
Mais sans vous offenser en rien,
(*en souriant.*)
Je sentons dans le fond de l'ame
Que l'bon cœur du pauvr' homm' vaut bien
L'bon cœur d'la pauvre femme.

La citoyenne ARMAND, *au public.*

Une pauvre femme qu'a bon cœur
Doit compter sur votre indulgence.
Ce nom désarme le censeur :
On n'en veut pas à l'indigence ! (*bis.*)
Si l'intérêt pour ses malheurs
Suffit pour émouvoir votre ame,
Traitez bien les pauvres auteurs
En faveur de la pauvre femme.

FIN.

www.ingramcontent.com/pod-product-compliance
Lightning Source LLC
LaVergne TN
LVHW021716230826
846091LV00006BA/2202

* 9 7 8 2 0 1 2 7 2 4 3 0 3 *